백야
김정웅
스물한
번째
시집

상사화(相思花)

상사화(相思花)

백야 김정웅 제21시집

을지출판공사

■ 서문

상사화(相思花)

아침 이슬을 머금고 댕그랑 울리는 풍경소리에 지나가는 길손의 발길을 잠시 멈추게 한다.

절간 앞에 흐드러지게 핀 꽃 무릇!

초가을 청 맑은 꽃자리 상사화!

잎이 지면 꽃이 피고 꽃이 지면 잎이 핀다

잎과 꽃이 평생 만나지 못하는 숙명적인 운명!

아니 서로 사랑하였으나 그 사랑을 이루지 못하고 서로 갈라서야 하는 처절한 사연!

이 애련한 운명을 어떻게 구명하고 보완해야 할 것인가? 수만 년 내려오는 인류대전에 명답은 극히 희박하다.

옛날 하늘에서 선녀가 연못으로 내려와 목욕하는데 나무꾼이 선녀의 옷을 훔쳐, 올라가지 못하게 한 전설적인 얘기나, 윗집 총각이 아랫집 처녀에게 반해 상사병이 들어 시름시름 앓다가 죽게 되었다. 그래서 상여를 띄우는데 아랫집 처녀 집 앞에서 꼼짝도 하지 않아 처녀의 옷을 벗어 상여에 올려놓으니 그 상여가 떠나게 되었다는 이야기, 또한 신라 진흥왕이 부처님의 계시를 받아 사랑하는 딸 중애공주와 도솔 애첩을 데리고 백제 땅 선운산 진흥 굴에 잠시 머물다 도솔왕비와 중애공주를 놓아두고

급히 신라에 가서는 돌아오지 않아서 기다리다 쓰러지니 그 넋이 상사화(相思花)로 환생했다는 설, 어느 여인이 선정에 든 스님을 짝사랑하다 죽었는데 그 묘 앞에 꽃으로 피었다 하여 상사화라 하고, 부역에 나간 남편이나 멀리 상행(장사) 나간 부군이 돌아올 시기가 되어도 돌아오지 않아 여인의 한이 담긴 애절한 사연의 '선운산가' '정읍사' 등은 무한한 정념으로 느끼게 한다.

여기에서 정읍사, 처용가, 선운산가, 아사달(사녀), 로미오와 줄리엣, 나폴레옹과 조세핀, 테스, 젊은 베르테르의 슬픔, 황진이, 이매창, 안나의 강변, 렌의 애가 등은 이와 유사할 것 같다.

그러므로 영원한 사랑의 맥락(숨결)! 그 오묘한 진리는 예나 지금이나 미래에도 영원불멸할 것이다.

2012년 4월에

牟陽城下 直齋山房에서

白夜 金正雄 謹上

차　례

제2부 상사화(相思花)

第3부 람사르 습지

제4부 그랜드캐니언

第5부 고대 문명의 발상지

제1부

대〔竹〕

휜칠하게 빼어난 키 큰 대나무는
겨울 눈서리에도 푸른 기상을 잃지 않고
그 고결함과 절개와 강건함은
바로 선비 정신의 표상이다.

대춘부(待春賦)

살얼음의 시냇가
아스라이 들려오는 남풍소식에
바들거리는 버들강아지

동토를 깨고
손님맞이에 겨를 없는
매화 개나리 벚꽃 진달래

눈 속에 파묻힌 노루 사슴도
해동하는 바람 타고
산비탈에 기대어 풀을 뜯는다

어느덧
꽃가지는 향기롭고
우거진 신록 사이에
종달새 꾀꼬리가 조잘거린다.

우수(雨水)
–봄을 재촉하는 경칩, 춘분

겹겹이 쌓인 지각을 벗기는 입춘(立春)
지난해의 연장을 챙기는 농부는
칼바람을 서서히 외면하고 있다

안개와 함께 조용히 내리는 우수(雨水)
겨우내 불어오는 한파를 따돌리고
나목마다 생기는 한층 새롭다

세월을 재촉하는 꽃샘추위가
마지막 기승을 부리고
매화꽃 망울지는 봄의 언덕에서
워어이 워어이 손짓한다

찬란한 새봄을 맞기 위해
되풀이하는 계절 뒤란에서
경칩(驚蟄) 춘분(春分)을 향해 달음질한다.

봄 비

시나브로 질타하는 꽃샘추위에
떨고 있는 앙상한 나뭇가지 끝
함초롬히 적셔 주는 봄비

경칩을 지나 춘분에서야
살얼음이 녹아내리고
미지근한 바람이 불어온다

사르르 사박 내리는 봄비는
대지에 새싹을 움트이고
온 누리에 꽃소식을 알린다

강 언덕에는 안개비로
산허리에는 구름비로
우리에겐 꽃비로 새봄을 선사한다.

대〔竹〕· 1

마음을 비우고
청정하게 버티어 서서
바람 소리를 날려 보내고 있다

속을 비운 대나무는
단단한 표피로 녹색 띠를 두르고
바람 소리로 세정을 살피고 있다

한갓
꾸밈이 없고 허식이 없는 자태에서
의연한 청옥 내음이 풍겨나고

푸르디푸른 댓잎이 나부끼면
창문에 드리우는 대 그림자는
달빛에 어우러진다

그럴 땐 나는
세상 풍진을 떨구고
영혼을 캐내는 대〔竹〕와 같이 살련다.

* 이 원고는 한국육필문학회 시비운영위원회에서 엄선하여 2007년 11월 3일 충남 보령시에 세운 詩.

대〔竹〕· 2
- 선비 정신

곧게 치솟는 대나무는
푸른 옥빛으로 옷을 해 입고
폭풍 한파를 견디어 내는 절개의 거목

늘 푸른 것은 인(仁)을 가르치고
굳건한 줄기는 의(義)를 말하며
속을 비운 것은 예(禮)를 의미하고
강유를 겸비한 것은 지(智)를 얘기하며
한결같이 올곧은 것은 신(信)을 상징한다

훤칠하게 빼어난 키 큰 대나무는
겨울 눈서리에도 푸른 기상을 잃지 않고
그 고결함과 절개와 강건함은
바로 선비 정신의 표상이다.

백담사 · 1
– 만해 한용운

첩첩산중의 마루터기를 넘어서
계곡의 깊은 골짜기를 타고
자갈과 흰 바위를 스쳐 가는 물소리

산기슭 기슭마다 병풍처럼 에둘러 있는
꼬불꼬불 고갯길 허리춤 사이에
분지처럼 안온한 백담사에 이른다

지조와 용기와 정열과 독백이
하루에도 수백 번 자연과 응답하며
조국을 위해 분연히 일어선 애국지사

한하늘 아래서
만행과 이적 행위를 개탄하고
올곧은 신념으로 나라와 백성을 지키는
민족의 큰 별 만해 한용운 대선사

백담사 · 2

-만해 한용운

옛 산과 옛 계곡은
지금도 그대로인데
백담사 가는 도로와 주위가 이따금 변해 간다

구름도 잠시 쉬어 가는
분지처럼 아늑한 백담사에
매월당이 머물러 만유(漫遊)를 읊고
일해가 들러 통절히 수양하던 곳

극락보전의 범종소리
산굽이 굽이마다 풀잎 하나하나에
메아리치는 만해의 도량

독립선언을 한 33인의 대표인물
나라와 백성을 위해 목숨을 바친
조국의 태양! 한용운 애국지사

* 매월당(每月堂) : 김시습(金時習)의 호. 조선조 생6신 한 사람.
* 만유(漫遊) : 일정한 일 없이 여러 곳을 구경 삼아 돌아다님.
* 백담사 : 대웅전이 없고 극락보전으로 대치함.
* 일해(日海) : 전두환 전 대통령의 호. 백담사는 전두환 전 대통령이 통회 수양하던 곳.

판소리 · 75
- 우리 가락 우리 소리

우리 가락 우리 소리
밟아도 밟아도 사그라들지 않고
다시 불길처럼 일어서는 우리의 소리

스러져간 노랫가락을 모아
하나의 울타리의 빗장을 갖추어
소리의 집을 이루어 놓은 우리의 가락

서민들의 삶 속에
소리의 마당을 펴기 시작하여
기억에서 기억으로 입에서 입으로 전승되어
생명력을 응집한 우리 가락 소리의 세계를 열었다

그리하여
천년 음악의 지평 위해
들불처럼 일어난 불꽃이 활활 타오른다.

판소리 · 76

- 여광대의 5걸사(傑士)

우리나라 초유의 국창(國唱)
진채선은 인물 사설 성색 득음 너름새를 두루 갖춘
여(女)광대의 효시이다

허금파와 김여란은
판소리의 사대법례(四大法禮) 원리에 뛰어나고

판소리의 명창 김소희는
소리 사설 득음 너름새의 내적 운율을 잘 구현하고

판소리의 가창(歌唱) 박규희는
득음 너름새 소리의 밖으로 활력을 파급시킨다.

판소리 · 77
– 승무 2

머리에 하얀 고깔을 쓰고
몸에는 홍 가사를 걸쳐
유연하게 돌아 붙이는 춤사위

바지 저고리 키보다
더 긴 소매를 가진 장삼
다양한 몸의 변화와 분위기를 잡는다

선뜻 보이는 얼굴마저
고깔로 거의 가리고
시선을 아래로 향해
춤꾼의 표정을 좀처럼 드러내지 않는다

장삼소매로 감춰진 두 손은 북채를 들어
팔의 움직임에 따라 장삼자락은
곡선 춤의 아름다움을 극적으로 보여 준다.

판소리 · 78
- 승무 3

무대 바닥에 엎드린 춤꾼은 두 팔을 펼친 채
춤이 느리게 시작되는 염불장단과
호방함을 느낄 수 있는 타령장단

자진타령의 원숙미를 느끼는 굿거리장단
굿거리에서 동적인 북 장단을 느낄 수 있고
가장 빠른 장단으로 승무가 마지막 꽃을 피운다

"허공에 뿌려진 장삼자락"

승무를 하면 할수록 춤이 인생같이 느껴지고
인생의 희로애락과 흥망성쇠가
모두 그 안에 담겨 있다

춤과 장단 안에 적셔 있는 호흡과 춤꾼의 춤사위
바늘 떨어지는 소리마저 들릴 것 같은
팽팽하고 긴장감 속에 슬슬 흥이 오르고
빠르게 북을 연타하는 북 장단이 절정에 이르면
관객과 춤꾼은 하나의 호흡이 된다.

법주사
- 대한불교조계종 제5교구 본사

"부처님의 법이 머문다"는 뜻을 갖고
속리산 자락에 위치하여
보은의 얼굴로 일컫는 법주사

신라 진흥왕 14년(553)에
의신조사가 창건하고
성덕왕 19년(720)과 혜공왕 12년(776)에 중창하므로
이때부터 대찰의 규모를 갖추었다

홍건적 침입 때는
공민왕이 안동으로 피난했다 환궁 길에 들르고
조선 태조는 즉위하기 전 백일기도를 올리고
병에 걸린 세조는 복천암에서 사흘 기도를 했다

정유재란에 외군의 방화로 불에 탔으나
사명대사가 중건을 시작하여
인조 4년(1626)까지 중수하여 오늘에 이른다

대웅보전을 중심으로 화엄 신앙축과
용화보전을 중심으로 미륵 신앙축이
팔상전에 직각으로 교차하고 있었으나

그 거대한 청동 미륵불을 조성하면서
가람의 배치가 흩어졌다 한다

천왕문과 사도세자의 어머니 위패를 모신 선희궁
16나한전을 모신 능인전
자기 몸을 태워 부처님께 공양한 희견 보살상
백미 80가마가 들어가는 석조와 쇠등
보은의 지정문화재가 절반이 몰려 있는
찬란한 속리산 가람이 돋보인다.

바 다

바다가 고요할 땐
귀를 대고
소라의 비밀을 듣는다

바다 깊숙이
진주를 캐는 옛날 해녀들은
산호섬에 묻혀 있을까?

아! 갈매기 나는
푸른 바다를 헤치며
흰 돛단배가 서서히 밀려서 간다

물결 출렁이는 바다
폭풍이 일렁이면
성낸 사자처럼 포효하고

해일이 일면
육지로 밀려와 머리 풀은 귀신처럼
가옥과 태산을 덮친다

그러나 바캉스의 바다엔
파도를 타고 춤추는 나신들
낭만과 해수욕을 마냥 즐긴다.

비행기

청 맑은 가을 하늘에
하얀 포물선을 그리며
날아가는 비행기

지상에서 바라보는 비행기는
마냥 신기만 하다

드높은 창공에서 밖을 내대보면은
비 온 후 솜털 구름이 부풀어 오른 것 같고
그 위에 신선이 하늘을 나는 것 같다

이리하여
비행기는 대기 중압권을 헤치고
오늘도 무사히 활주하고 있다.

빙판의 천사
- 피겨스케이팅

(1)

빙판을 달리는 가냘픈 천사
자유자재로 도형을 그리며
펄펄 날으는 우아한 자태
한 치의 오차 없는 예술의 극치

(2)

설원을 달리는 호마처럼
설원을 달리는 개 떼처럼
인생과 세계관을 실현하는 축소판
실패를 딛고 올라온 승리의 천사.

* 피겨스케이팅 : 스케이트로 얼음판에 여러 가지 도형을 그리는 스케이팅. 자태의 우아함, 예술적인 면을 강조함.

시 선

곱게 보면 고아지고
나쁘게 보면 나빠진다

착한 마음의 눈은
만인의 선덕을 베푸는 혜안의 시선

나쁜 마음의 눈은
만인이 증오하는 모멸의 시선

정중한 사람의 시선은
평화와 안전을 다지는 눈길

경망한 사람의 시선은
불평과 파괴를 조장하는 눈길

이리하여
가정에서 직장에서 사회에서
언제나 아름다운 마음을 지니어
곱고 예쁘고 정직한 시선을 갖추어야 한다.

그대의 예감(豫感)

그대가 내리는 예시에
머리를 세워 소명을 다하고

그대가 형용하는 묵시(默示)에
영원토록 받아 새기고

그대가 훈기는 향기에
마음으로 깊이 호흡하고

그대의 진정한 사랑(愛)에
그리운 가슴으로 향유하고

그대가 보내는 열정(熱情)에
이 생명 다하도록 받아들이련다.

제2부

상사화(相思花)

구름 한 점 없는 청남색 고운 하늘
선운 절간 앞에 빨갛게 불태우듯
정열의 화신으로 피어나는 상사화

상사화 · 1

- 쪽빛 고운 초가을

도승의 도포자락으로
선운 절을 세우고
상사화는 그 옆에 혼백으로 피어라

백제 위덕왕 24(577)년에
검단선사는 절 짓기를 시작하고
신라 진흥왕은 선운산에 잠시 들러
꽃 같은 딸과 도솔왕비를 진흥굴에 머물게 했다

도솔왕비와 중애공주는 기다리다 기다리다
지쳐 동경의 넋이 되어
서로 사랑하는 사람들끼리
만나지 못하고 죽어 갔다

아! 사랑에 불타는 相思花!
잎이 지면 꽃이 피고
꽃이 지면 잎이 피니
이승과 저승길이 몇만 리라고 만나지 못하는가?

하늘도 숲도 쪽빛 고운 초가을
그 한이 상사화로 피어
선운사 절간 앞에 영혼으로 남았어라.

상사화 · 2
- 사무치는 메아리

붉게 타오르는 꽃잎
도솔의 계시를 받아
서로 그리다 등진 짝사랑

흐드러지게 핀 산사에
정열을 태우면서
님을 향해 사무치는 메아리

아…… 현란히 피는 상사화여!
꽃잎 잎마다 슬픈 사연을 새기어
오늘도 구원(님)의 노래를 부르려나.

상사화 · 3

- 피안의 언덕에서

날이 가고 달이 가고
일년 내내 기다리다 기다리다
지쳐 말라 죽습니다

고사한 몸체에서
가느다란 희망 안고
상사화로 환생합니다

내가 기다리다 지쳐 쓰러지면
그대는 어여쁜 꽃으로 피어납니다

그대가 기다리다 지쳐 쓰러지면
나는 꽃대로 일어나 잎을 피웁니다

이승과 저승이 몇만 리라고
나와 그대가 만날 수 없어
피안의 저 건너 영혼에서나 만나려나.

상사화 · 4
- 한을 쏟는 설움

한 여인의 흉중을 울리며
영원을 부르짖는 남정네

한 사내의 가슴을 울먹이는
저 건너 피안에서 손짓하는 아낙네

연민과 정분을 다지고
사랑과 행복을 구원하는
아름다운 선율의 메아리

고통과 가시밭길을 걸으며
눈물과 한을 쏟는 설움
먼 훗날 결 고운 마음의 선물이려나.

상사화 · 5
-영생의 이별

쪽빛 초가을 어느 날
나는 푸른 잎을 지우고
기다림의 여운으로 길게 키운 꽃대에서
꽃봉오리 터뜨려 사방을 둘러보았으나
평생을 두고 기다리던 님
올해도 보이지 않는다

일년 내내 겨울, 봄, 여름 할 것 없이
청정한 잎으로 그대를 부르며
바라고 염원하던 꽃대가 되어
드디어 꽃으로 환생했으나
올해도 나타나지 않은 것은
필시 무슨 흉괘가 있는 것이 아닐까?

아! 슬프고 원통하도다
통곡을 해도 만날 수 없는 것은
영생의 이별이랄까?
죽어도 아니 슬픔
상사꽃으로 피어 앓으련다.

상사화 · 6
-애달픈 영혼 속의 넋

구름 한 점 없는 청남색 고운 하늘
선운 절간 앞에 빨갛게 불태우듯
정열의 화신으로 피어나는 상사화

그리워 그리워 하며
애달픈 영혼 속의 넋이 되어
지천에 깔린 상사화

오늘도
님을 만나지 못하고 보내는 마음같이
허전하고 아쉬움이 강물을 메운다.

상사화 · 7
- 엇나가는 사랑

맑고 푸른 가을 하늘은
신비로운 상사화를 뿌려
아름답게 수놓는다

사랑을 할 때는
서로 마주 바라보아야 제격인데
우리 사랑은 마주 바라볼 수 없이
봄과 가을에 엇나가는 사랑을 하고 있다

가을에 꽃으로 피는 나는
봄에 잎이 된 너를 바라볼 수 없고
가을에 상사화로 피는 너는
봄에 잎으로 피는 나를 바라볼 수 없다

기구한 운명이 주어진 우리는
장벽을 허물 수 없이 서로 만나지 못하고
숨어서 짝사랑만 해야 하나.

상사화 · 8
-사랑의 결정체

그립고 열원하는 사내는
애타게 기다리는 여인에게
가슴 졸이며 사랑을 고백한다

황진이 매창 같은 고절한 사랑
논개 같은 의기의 사랑
망부의 정읍사 사랑
성운산가와 아사달의 사랑

로미오와 줄리엣의 사랑
성춘향과 이도령의 사랑
젊은 베르테르의 슬픈 사랑, 테스의 사랑
부베의 연인, 순애보, 청춘극장, 러브스토리

아가페적인 사랑
프로스적인 사랑
에로스적인 사랑
정녕 사랑의 결정체로 안으련다

이리하여 천년 고찰 앞에서
그대와 상봉하는 날만을
이 목숨 다하여 하늘 높이 부르노라.

상사화 · 9

- 잔설을 녹이는 훈풍

겨울철 모처럼의 훈풍에
그립고 아쉬움의 목소리
저 건너 변산 바닷바람으로 들려온다

잔설을 녹이는 소요대사의 신화를 들으면서
소요산 계곡과 기슭 기슭마다 서기 어리는
맑고 푸르른 새봄 하늘 아래
무슨 꽃으로 문지르는 가슴인가?

그대는 불그레한 글라스를 들고
나는 자양분 넘치는 복분자 잔을 들고
사랑의 영원을 건배한다

애초에 플라토닉한 아가페에서
사랑은 결코 후회하지 않는
프로스와 에로스에 이른다

어둠을 밝히는 모양성의 전광은
이끼 낀 돌 하나하나에 얽힌 전설이
반월의 정념에 더욱 심금을 울리는 상사화.

상사화 · 10

- 봄이 드리운 커튼

산들바람을 타고
억겁이 스친 장수강 오작교를 지나면
선운사 풍경소리에 꽃 대궁이 울린다

도솔암의 도솔천변에 유구한
송백과 동백꽃이 아우르는 가운데
마애불상 앞에서 혜안의 기도를 한다

그대는 아사달이냐 아사녀냐 하며
선운사 조계종 도량에서
열반이 아닌 참선하는 무명인

천마봉에 높이 앉은 사자암은
진흥굴 앞 장사송(八道를 상징하는 가지)을 그리며
기도하는 이에게 신비의 개시를 내리는 상사화!

상사화 · 11
- 필부 가슴 울리는 꿈의 궁전

봄은 왔어도 봄 같지 않은 찬바람이
우리의 만남 때마다 싸라기눈 뿌려 놓아
더욱 뜨거운 체온을 느끼게 한다

순간과 영원을 교감하는 태양은
어둠과 난잡한 군상을 훨훨 태우고
경건히 아름답게 떠오는 꿈의 궁전

알파 베타의 상대적 원리를 외우며
두 마리의 백조는 서해안을 품고
하나 둘 셈속에서 날갯짓을 한다

아! 봄빛 현란한 꽃바람은
새아씨의 첫 순정을 터뜨리는 듯
필부의 앙가슴을 울렁이는 상사화

정오의 푸른 바다를 혜안해 보고
공작의 신나는 묘기를 형상하면서
전복으로 끓인 죽을 음미한다.

상사화 · 12

- 넥시스의 은애는 상사화

달빛 계곡에 스며드는 산 중턱
六月이 지난 이국의 정취를 느끼며
넥시스의 은애는 더욱 깊어만 간다

긴 장마와 폭우가 섞인 여름철
질지하게 내리던 비도 가시고
지난 한결 같은 언약이 새롭다

오래도록 굶주린 카멜레온은
먹이가 눈앞에 다가와도
바로 낚아채지 않는 영물

그러나 우리에게 비치는 태양은
강한 정열과 순도 높은 넥시스의 은애
가슴 깊이깊이 새기는 상사화!

상사화 · 13

-선풍은 여인을 안고

비를 동반한 선풍은
후적지근한 세속을 떠나
고고한 학이 되어 송림에 앉아 있다

산과 바다 들녘을 배회하며
태양과 별과 달을 벗 삼아
기암괴석의 벼랑에서 손짓한다

아! 소복단장한
열두 폭 자락에 전설을 누빈
선풍적인 바람을 안고
의연하게 나타나는 자비의 여인

오늘도 하늘을 우러러 보고
우주 천체의 신비 속에 세상 이치를 깨닫는
여인을 안은 선풍적인 바람 이는 상사화!

상사화 · 14

- 은하수 강가의 상사화

한 점 바람이 일면
구름은 서서히 걷히고
눈이 부시게 찬란한 태양이 비춰 온다

어둡고 괴로운 회안이나
부잡하고 지저분한 모든 것을
깨끗이 닦고 소지 한다

문명을 일으키는 천상의 선인과
이를 수용하는 지상의 선인은
진리를 깨우치고 애무하는 신선

하늘을 나는 파랑새와
지상을 배회하는 고지새는
은하수 강가의 그리운 상사화.

상사화 · 15

- 달빛 여인의 그리움

번잡한 대로를 빠져 나와
밤이 아닌 낮달을 회상하면서
건축미가 뛰어난 그림 같은 낙원에 멈춘다

태양을 외면하고
꿈의 궁전의 커튼을 드리운
달빛 그리움에 취한 여인의 심호흡

갈매기는 끽끽 선상을 배회하고
쏴쏴 파도가 넘실거리면
해저에서 진주를 잉태하는 고통소리

이리하여 해조음은 명멸해 가고
다시 온전한 평안과 행복에 젖어
커튼을 제친 달빛 어린 상사화.

상사화 · 16

-별빛에 취한 여인

수많은 별빛이 하도나 밝게 비추어
푸른 날 같은 선명한 밤이다

무한량의 반짝이는 별빛 별빛
넋을 잃고 그 별빛에 빠져 있다

유난히 반짝이는 것은
아무도 볼 수 없는
우리 두 사람에게 비추는 공간의 별이다

찬란히 내리쏘는 별빛 동산에 취해
요동치는 황홀한 가슴은
바로 님의 별이요 나의 별 상사화!

상사화 · 17
– 하늬바람

저 멀리 칠순(七旬)의 마파람은
건잡을 수 없는 벼랑에서
영혼이 흔들리다

사막의 언덕 저편에
분수령 고개보다도
더 거센 하늬바람을 일으키다

싱그러운 서풍에 찾아온 길손은
쏜살같이 불어 닥쳐
춤추는 노을빛에 그림자 짓는 상사화!

이상향의 여인 · 1
- 호숫가에서

찬란한 봄빛이 드리우면
호숫가 저편에서
선연히 들려오는 그대 목소리

잔잔한 호수를 바라보며는
수면 위에 떠오르는 그리운 영상
가슴 설레는 지극한 애련

호수처럼 적시어 오는 그의 눈동자
넌지시 미소하는 여운의 온정

밤마다 꿈결 속에 도화꽃을 따 들고
푸르디푸른 강물에 한잎 두잎 띄우며
그대와 나는 장밋빛 심연에 젖어 있다

아! 그립고 아쉬움에
멀리 보내야 하는 청순한 그녀

어우르는 아나멘트에
방송의 뒤란에서 켕기는 그 호흡!
지금도 낭랑히 메아리 져 온다.

이상향의 여인 · 2
- 법주사 화주

여리게 부는 바람결에
백의의 옷깃을 여미는
정숙하고 단아한 여인

법주사 대웅보전 앞에서
열반하는 가섭의 혜안을
넌지시 즐기는 우아한 여심

무언의 누리를 예시한 듯
그립고 아쉬움에 마음 켕기는
속리산 기슭의 뒤안길

오늘도
시주하는 사람들에게
일일이 문접하면서
보시의 눈을 여는 화주.

제3부

람사르 습지

바닷물이 빠져나가면
모래 갯벌이 조화롭게 분포되어
해저 동물과 염색 식물이
머리물떼새 민물도요 고니 떼를 불러들인다.

국 화

서리 빛이 보이면서
묻힌 늪의 요람을 걷히고
서서히 머리를 쳐드는 국화

꽃으로 환생하기에는 아직 일러
꽃망울 아롱아롱
앞을 다투어 시샘하고 있다

어느덧 입동의 전령이 들이닿자
온 누리에 대명의 환호 속에
노랗고 아름다운 국화꽃을 피운다

그 향기 천지에 진동하여
신들린 사람처럼 취해 있다.

미당 문학(국화)축제
- 축제 이튿날

비 온 뒤의 푸르른 하늘
어제 이어 벌인 잔칫상
석양에 드리운 맑은 가을바람
부푼 내 마음 축제무드에 띄운다

뒤란 소요산 기슭에 서기 어리고
산자락 자락마다 국화가 피어
출렁이는 질마재 앞 바닷바람과
몰려든 관객들 국화 향에 취해 있다

무대 위의 기예와 창과 음악
예흥에 감동한 관중의 환호
관객과 출연진과 화합의 한마당

현대문학의 비전을 예시하고
꽃 중의 꽃 가을 국화 옆에서
심금을 아우르는 미당 문학축제.

문경새재

백두대간의 기맥이 서려 있는
조령봉 문수봉 주흘봉 장성봉의 계곡에서
남류하는 금천과 중류하는 조령천이 흐르고
농암천과 영강이 합류하여 낙동강에 유입한다

조령산 마루를 넘기에는 천의무봉인 듯
산새도 쉬어 가고, 구름도 자고 가고, 바람도 쉬어 넘는
자연의 신비를 그대로 간직한 채!
나그네의 발걸음도 멈추게 한다

옛날 과거 보러 가는 하늘 재 고갯길
조선 시대 역사와 문화의 소 통로
차마 고도이며 전적의 요새지
조선 팔도 대명사로 불리는 문경새재.

람사르 습지 · 1
-자연의 위대함

천지를 창조하고
만물을 섭렵하며
위대한 에너지를 발산하는 자연

인류의 진화와 함께 시작한
사회의 발전과 원시인의 수렵생활은
정착하는 데서부터 비롯한다

처음 농경사회로부터
대량생산의 산업사회를 지나
문화예술 유통 지식정보화 사회에 이른다

이제 공업과 산업이 발전하고
소비와 소득이 중용을 이루어
미래에 청정한 환경, 유서 깊은 역사
보존의 전통 레저문화와 스포츠를 즐기는 시대

이리하여
문화유적 관광정보를 구현 홍보하여

농어촌 갯벌 녹색 등 자연환경을 배경으로
세계적인 문화유산으로 승화한다.

람사르 습지 · 2
- 연안습지 고창갯벌

청정한 자연환경의 고장
연안습지인 고창갯벌에서는
석화 조개 게 등의 안식처인 람사르 습지

바닷물이 빠져나가면
모래 갯벌이 조화롭게 분포되어
해저 동물과 염색 식물이
머리물떼새 민물도요 고니 떼를 불러들인다.

천이백만 평에 이르는 펄(갯벌)에서는
멸종 위기종의 서식처로 보전가치를 인정받아
세계유산으로 빛을 보았다.

람사르 습지 · 3

- 내륙습지(운곡)

친환경 생물권 보전지역으로
폐농경지가 저 층산 습지 원형으로 복원되어
자연에 의한 습지 복원으로 활용가치가 높다

내륙습지 운곡습지에서는
멸종 위기종인 수달과 삵 말똥가리와
천연기념물 붉은배매새 황조롱 보호식물 낙지다리 등
다섯 종의 법정 보호 종과 549종의 동식물이 산다

이리하여
생물권 보전지역에서 생산되는 농산물은
높은 가격에 팔리어 소득증대에 기여되고
체험마을 생태마을 공동체사업으로 활성화 한다.

순천만 · 1
- 갈대의 여인

새싹이 움돋는 연초록의 봄
초록 잎과 지난 갈대가 아우르는 초여름
갈대 잎이 왕성한 한여름의 초록바다
가을엔 초록이 지쳐 갈색무늬를 이루고
겨울엔 갈대꽃 사이로 은물결을 이룬다

자연과 인간이 공존하는 연안 습지
바다에는 갈대가 자라고
인근 산에는 억새가 자라며
해오라기 떼 게개비 짱뚱어들이
천적을 형성하며 사는 생물의 요람

갈대바람이 일렁이면
여인의 머리가 휘날리고
사각이는 갈대처럼 늘씬한 여인 앞에
갈대숲에서 불어오는 상쾌한 내음.

순천만 · 2
- 람사르 습지

인간과 자연이 어우러진 생태지 순천
천년 고찰 선암사 송광사 낙안읍성
전남의 식수원이며 호남의 젖줄인 주암호

순천만은 70만 평의 갈대밭과
끝이 보이지 않는 8백만 평의 광활한 갯벌
겨울이면 흑두루미 재두루미 큰고니 노랑부리 저어새 등
국제적으로 보호되는 철새 희귀종이 찾아온다

람사르 협약 등록과 지정문화재 명승 제41호
순천만의 철새는 총 230여 종으로
우리나라 전체 조류의 절반이 넘으며
농게 짱뚱어와 같은 갯벌 생물들이
한데 어우러져 살아가고 있다.

홍천강
- 빨래하는 처녀

사백 리 길
유유히 흐르는 홍천강
그 물가에서 근엄하게 빨래하는 처녀

푸른 유니폼의 김 상병을 보고
물에 적시어 빨래하면서
또 한번 보고 고개 숙인 그 처녀

5.16 혁명을 맞아 전군 비상 계엄령하에
상부 지시만 기달고 엄호 방어하고 있는데
저 건너 빨래하는 그녀가 내 가슴을 설레인다

산천초목도 벌벌 떠는 현시에서
살짝 살짝 자연을 울리는 빨래 소리
다시 한번 머리를 치키어 세우는 그녀 모습

지금은 어떻게 되었을까
유유히 흐르는 홍천강 물에
50년 전 그리던 그 처녀의 마음도 흐르려나.

낙안읍성(樂安邑城)

평지에 축성한 낙안읍성은
성 안에 민가가 들어 사는
한국 유일한 읍성이다

낙안읍성은 1,400m 둘레의 성곽과
조선 시대의 관아와 9동의 중요 민속자료 등
토속적인 민속경관이 잘 보존되어 있고
세시풍속과 전통 생활문화를 지키며 주민이 산다

낙안읍성을 비롯해
이 고장 동편제의 대가 국창 송만갑과
가야금 병창의 최고봉 오태석 명인과
중요 무형문화재 제23호 안숙선 씨 등이 있다.

선암사(仙巖寺)

어느 절에나 있는 서열과 문이
선암사에는 세(3) 가지 특성이 없다

조계산 주봉인 장군봉의 호위를 받는
불법의 수호신 천왕문이 없고
깨달음을 얻으신 부처님만
"어간문"을 드나들 수 있다 하여
어간문은 있으나 출입할 수 없다
또한 부처님을 모시는 보살상이 없다

선암사 천연기념물 제488호는
수령 6백년이 넘는 토종 홍매화와
청매 백매 등 옛 선비의 기개를 선보이고 있다

정조가 후사가 없자 눌암대사에게
백일기도를 부탁해 순조를 얻게 됨으로
후에 순조가 그 은혜를 보답키 위해
인.천(人天) 대복전(大福田)이란 친필(현판)을 하사했다.

* 태고총림으로 강원과 선원에서 많은 스님이 수행하고 자연의 손길이 다듬은 천년차 밭을 거닐며 지방문화재 214호인 뒷간(해우)에서 몸을 푼다.

현정 오세재(玄靜 吳世才) 문호(文豪)
- 고창문학의 뿌리(根源)

드러나는 고창 방장산을 우러르며
눈이 부시게 달 밝은 신월(新月)에 태어나서
단군선조 이래 온 누리에
동방문학의 뿌리〔根源〕를 심었다

육경을 손수 베껴 외우고
주역(周易)을 달달달 암송하고
시학(詩學)에 해박한 현정이라
천하에 놀랜 그 슬기 누가 대(對)하리야?

문장(文章)에 억양(抑揚)이 서 있어 애절 비장하며
전(典)과 고(誥)와 같아서 굴곡이 적고
시는 아송 같아 화사한 것을 싫어하고
학문이 넓고 넓어서 가이없다.

* 죽림고회(竹林高會)와 해좌칠현(海左七賢)의 좌장(座長)이 되어 당대 문학의 영수(領袖)로서 증제고학사(贈制誥學士)였으나 성품이 대쪽 같아 조정의 부름을 마다하고 자연을 벗삼아 선비문학의 뿌리를 내렸다.
* 竹林高會 海左七賢 : 중국 서진(西晉) 시대에 유래된 것으로 李仁老 吳世才 등이 주축이 되어 문인들의 사상, 시가(詩歌) 등을 즐겼던 모임.

고창신문 창립 23주년에 부쳐
- 떠오르는 태양 고창신문

방장산 동녘에서
휜칠하게 떠오르는 태양
모양 들녘과 금수강산에
한 치의 외면 없이 전국에 비추인다

오늘도 씨를 뿌려
가꾸고 키우는데 전력을 다하여
알토란 같은 열매의 축복 속에
스물세 번째 맞이하는 고창신문!

얼룩진 나날을 밝게 하고
구겨진 일상을 반듯이 하고
어두운 장막을 훤하게 하고
불행한 어제를 오늘의 행복으로 바꾸고
독선과 아집을 넘치는 정과 친절로 하고
편견과 독재를 자유와 평화로 다스리고
정직 직필의 선봉으로 달려가는 고창신문!

아! 저 하늘의 소리 들리는가?
고달프고 허기진 소리

우매하고 연약한 소리
부딪치고 깨지는 소리

동료들의 왕따 당하는 소리
납치에서 풀어나려는 소리
슬프고 분통한 원한의 소리

이를 치유하고 올곧은 정석으로 하여
지역 언론 창달의 소리가
온 누리에 메아리치는 고창신문!

고창초등학교 100주년에 부쳐
-서 시

방장산 영봉 어린 성산 자락에
아담하게 자리 잡은 보금자리
나날이 커 나가는 고창초등학교
이곳이 씨받이요 만년학원 텃 자리

고창의 깃발이요 나라의 제일 가는
연연히 뻗어나는 대한의 역군
새아침 일어나면 갈고 연마해서
씨앗 뿌려 거둬들인 수만 대들보

앞에는 모양성 사적지 둘러 있고
뒤에는 병풍처럼 에두른 성산기슭
이곳이 조국의 꽃이요 나라의 열매
천년만년 이어 가는 고창초등학교

훤칠한 모습의 영국 신사

-진을주 선생의 추모시

슬기로운 머리와
자애로운 심상은
만인의 덕목을 가르칩니다

지성과 문학의 표본이 되며
착함과 정도를 내세워
한국 문단의 이정표를 제시합니다

문화 예술의 혼을 일으켜
문학21, 세기문학, 지구문학을 설립하여
수천의 문학도를 길러 왔으며
수백의 제자 문하생은 전국의 지도자로서
오직 문학창달에 이바지해 오고 있습니다

인자하고 키가 큰 선생님은
문학세미나에서 언제나 좌장이 되고
연회석에서는 그 멋진 춤으로
좌중을 사로잡는 영국 신사입니다

고창문화원에서는
선생님의 문학정신을 살려서

고향인 무장면에 "사두봉신화" 시비를 세우고
영원히 시의 혼을 기리고 있습니다

맑고 고운 오륜의 예를 다하고
바르고 깊은 심성으로 살으신 선생님께
내세에도 그 시업 승화해 가길 빕니다.

반상진 의학박사 8순에 부쳐

인자하고 사색하는 인상으로
만인을 사랑하고 친절을 베푸는
한국의 슈바이처 반상진 박사님

어렸을 때 갖은 고난을 이겨내고
오직 한길로 꾸준히 정진하여
이비인후과를 택한 히포크라테스

효성이 지극한 반상진 의사는
아버님 호(號)를 따 고향에 송파학원(중학과정)을 세우고
장성에 인문고등학교를 설립하여 후진을 양성한다

토요일 일요일은 언제나 송파학원에 와
의료 지원단을 구성하여 40여 성상을 봉사해 오며
장성고등학교에서는 일류대학에 많은 학생이 진학하는
명문학교로 거듭나고 있다

반상진 이비인후과 원장님!
광주 전라도 뿐 아니라 전국에서 몰려드는 환자들
하루도 빠짐없이 희생 봉사하는 천사

어렵고 불우한 환자에게는
반 원장님이 직접 무료로 치유하며
따갑게 안아주고 여비까지 챙겨주는 인류애

한동안 문학에 심취되어 20여 권의 서적을 냈으며
휴무 때나 시간이 나면 산악을 즐기며
향토애나 사회 공공기관에 봉사하는 것은
히포크라테스 슈바이처가 아니고 누구이겠습니까?

아! 거룩하도다
인간으로서 최선을 다하는 인본주의!
의학 문학 교육 산악을 섭렵하며
일생을 남을 돕고 베푸는 반상진 박사의 인성애
8순 기념에 만수무강하길 충정으로 하례합니다.

李信江 詩人께!

얼핏 보는 것보다
깊이 들여다보며는
그 참한 마음이 보인다

겉으로 풍기는 외양보다는
안으로 겸허이 맞는 내양이
훨씬 곱고 우아한 모습이 난다

푸른 강변에 피는 한 떨기 꽃은
아름답고 결 고운 여인이랄까?
매사에 덕목을 갖춘 중전이어라.

급부상한 국제공항
-경제 자유특구 인천

세계를 향해 바다의 문을 열어
다양한 문화와 산업이 공존하고
하늘과 바닷길이 열려 있는 인천

바다로 인해 태어나고
바다를 배경으로 항시 유연하며
생명력이 넘쳐 나는 인천

개항 초기에는
대원군의 쇄국정책으로 항해가 막히고
6.25 동란으로 조국이 두절되었으나
인천 개항의 저력은, 황해를 통해
중국 대륙으로, 태평양으로, 세계로
최고의 국제공항을 이루었다

영종도, 용유도, 월미도, 강화, 송도가 한 덩어리 되어
95층, 151층 고층 건물이 혜성처럼 떠오르며
매일 밤하늘을 수놓는다

오늘도 인천 경제 자유 국제항에서는
아세아 중심에 있어 세계 첨단 정보로 급부상해
동북아 허브 공항으로 명성을 떨친다.

불면증

요즈음 신경 쓰는 일이 있었는데
열한 시에 잠이 들어 두 시에 깨면은
뒤척 뒤척이다 훤한 아침을 맞는다

며칠을
계속 그런 상태에서
잡념과 번뇌의 굴레에서 벗어나지 못하는데
비몽사몽 새날은 여지없이 밝아 온다

매일 밤
그런 밤만이 연속되는데
오늘따라 추적추적 내리는 원망스런 빗소리
다시 훤한 새날이 찾아온다

이 모두가
신경 쓰는 일이 아니어야 하는데
사람이 살다 보면 얽히고 뒤집고 수시 난동이 일어나
불가사의 환경 속에서 오늘 밤도 잠은 멀리 떠난다.

제4부

그랜드캐니언

깎아지른 듯한 절벽 위에
코끼리 사자 하마 등 동물 형태의 바위와
세계 위대한 성인 명인들 형태의 바위
아! 신의 창조 없이는 이룰 수 없는 그랜드캐니언!

샌프란시스코 · 2

태평양 바다에 둘러싸여
반도 맨 끝에 위치한
물보라 꽃 피어오르는 아름다운 해변

청남색 하늘빛 어린 서쪽과 남쪽은
시민들의 휴식처 역할을 하는 녹지대
물 위에 그림처럼 떠 있는 스코마그 레스토랑

세계에서 가장 아름답다는
샌프란시스코를 상징하는 골든게이트 브리지
자연 전망대와 트윈픽스는 빼어난 관광코스

파도가 거세게 밀려오는 여름은 시원하고
겨울이 없는 남서풍의 봄, 가을은 온화하여
세계에서 가장 살기 좋은 샌프란시스코.

보스턴

고색이 창연한 낡은 집들과 돌이 깔린 좁은 길
유럽풍의 거리에서 느껴지는 차분한 분위기
미국 건국 이백년 역사를 오래도록 지켜온 도시

미국 문학의 발자취를 엿볼 수 있는 콩코드
미녀의 도시로 유명한 항구도시 세일 렘
미국의 발상지인 플리머스 등
보스턴 근교에 독립전쟁의 격전지인 렉싱턴

보스턴 서쪽 찰스주의 맞은편에 MIT대학
공과대학을 중심으로 60개 이상의 학원도시
1636년에 창립한 미국 최고의 대학인 하버드대학
6명의 대통령과 33명의 노벨상 수상자

국립 유물 박물관에서는
식민 시대부터 독립하여 현재에 이르기까지
미국의 역사와 테마로 하여
독립 전쟁 시 쓰였던 물건과 의류가 전시되어 있다.

그랜드캐니언 · 3

자연의 등을 타고 몇만 년 그 협곡 사이로
격렬하게 흘러가는 콜로라도 강줄기
계곡 1,500m로 올라가는 암벽과
지면 1,500m로 비등하게 내려가는 절벽

형형색색의 무늬를 수놓아
바위에 새겨진 세월의 흔적을
직접 눈으로 확인할 수 있고
매년 10cm 땅이 콜로라도 강물에 씻겨 나간다

깎아지른 듯한 절벽 위에
코끼리 사자 하마 등 동물 형태의 바위와
세계 위대한 성인 명인들 형태의 바위
아! 신의 창조 없이는 이룰 수 없는 그랜드캐니언!

로스엔젤레스 · 2

눈부시게 태양의 축복을 받는 로스엔젤레스
116개의 다른 언어를 사용하는 다민족지대
건강하고 활기찬 캘리포니아는 먹거리 천국

130년 전에는 황무지였던 곳이
광산, 영화, 자유와 꿈과 희망을 찾아 몰려든 사람들
지금은 미국 제2의 도시로 자리 매김 했다

할리우드의 예술관 박물관 영화세계
끊임없이 촬영하는 영화 텔레비전 유명 뮤지션
스타들과 부호들이 사는 비벌리힐스(bevrly-hills)

이 세상의 낙원!
어린이의 천국! 디즈니랜드
스타들의 익살 넘치는 묘기, 잠자는 숲 속의 미녀
개장 이래 7천만 이상이 찾는 세계적인 유원지

마차를 타고 불자동차가 도는 코스
열대지방 생물들의 영상과 음악소리 듣는 티키룸
대형보트를 타고 열대정글과 강을 따라가는 정글 크루즈
해적들과 해안선을 침략하는 모험인 카리브 해적
천사가 사는 방, 쥬라기공원, 그림과 만화로 보는 박물관

과학 산업 경제 건강 우주항공관 과학박물관 등
할리우드의 영화와 여러 민족들의 공동 축제는
더욱 활기 넘치는 로스엔젤레스!

뉴욕시 · 2
-세계의 수도

항시 새롭고 활력이 넘치는 뉴욕
협곡 같은 도심의 거리, 높이 치솟는 마천루
연극 음악 미술 등 세계 예술 문화 창조지로서
색다른 낭만이 느껴지는 도심지

맨해튼은 동쪽으로 이스트 강
서쪽으로 허드슨 강
남쪽으로 엎어 뉴욕 만에 둘러 싸여
문화와 예술과 상업의 중심지

세계 경제를 좌우하는
월스트리트 엠파이어 스테이트빌딩
센트럴파크 브로드웨이 할렘에 이르기까지
뉴욕을 상징하는 모든 것이 몰려 있다

뉴욕은 2백년 전 운하가 개통되면서
무역 거래가 활발하여 경제적 원동력이 되고
세계 최강대국 미국의 실질적인 수도이며
세계 경제와 문화의 중심지로 우뚝 서 있다

유엔본부 세계 무역센터 자유의 여인상 다운타운
엠파이어빌딩 뉴욕미술관 박물관 없어 맨해튼
세계 각국에서 따를 수 없는 초월한 미국이기에
세계의 수도이며 국제적인 왕국이라 한다.

슈퍼마켓에 가는 사람들
-미국 프런트 시에서

저마다 필요로 하는 물건을
구입하기 위해 몰려드는
슈퍼마켓의 군상들

치수를 재어 몸매대로
알맞은 의복을 찾는 인간들

구미에 맞는 일상 식료품을 찾으러
돌아다니는 사람들

가택(집안)을 꾸미기 위해
장식품을 구입하려는 이들

요즘 선호하는 스마트폰, 각 나라 전자 상품 등
세계 곳곳에서 들어오는 I.D 산업제품

이리하여 어느 때고 언제나
필요로 하는 생활필수품 슈퍼마켓에
몰려드는 각 나라 인파들.

제36주년 동백연 축제
-서 시

서해의 아침을 지저귀는 동박새
참선의 문을 여는 어여쁜 동백꽃
백제 때 고려 때 잠근 장수강 참나무
오늘 꺼내어 동백 연에 향불을 피운다

선운사 대웅보전 만세루 마애불상은
동양 최대의 불기와 열반의 정토
의운국사 검단선사 백파율사의 해탈은
가슴 태우며 흐르는 도솔산 도량의 메아리

선운산 뒤란 4천 그루 동백 숲은
매년 제주에서 동백꽃으로 피어
목포 함평 영광 고창에 이르러
부처님 오시는 날 춘백으로 진다

붉게 정열을 발산하는 동백꽃
님을 그리는 전국 동백 연 축제
백일장 그림 그리기 줄넘기 투호 농악 민속은
어린이의 천국! 조국의 미래를 다지는 청소년

전주 광주 전국에서 찾아온 청소년들은

저마다 갈고 닦은 기량을 발휘하고
동 서양 세계에서 몰려든 관광객들은
선운사 동백 연 축제에 넋을 잃고 있다.

태양 빛에 어린 한반도

- 한~몽 교류 시인대회

아세아의 동쪽으로
기웃기웃 올라가면
아담한 한반도의 끝
태양 빛에 눈이 부시다

사막과 허허벌판 대륙에서
온 누리에 말을 달리며
세계를 포효하는
몽골의 징기스칸

서해의 연안을 타고
금수강산 화려한 나라에
몽고반점의 증표를
이어 주고 있다

아! 서정시의 깃발을 날리며
세계의 문화 언어 평화
한-몽 문학의 씨를 뿌려
친선의 가교가 낭랑히 들려온다.

명량 대첩

－강강술래

울돌목 소용돌이치는 물살은
어떠한 악귀를 삼키려고
거세게 소리쳐 우는 바다인가?

이순신 장군은 정유재란 때
13척의 배로 133척의 왜선을 무찌른
세기적 해전의 승장! 명량대첩지

임진왜란에 왜놈들은 조선 사람 귀를 베어 가고
정유재란에 왜놈들은 조선 사람 코를 베어 간다

그러나 울돌목에서 참패한 왜놈들은
"울뚝"하면 일본 놈의 어린애 울음이 그치고
코와 귀를 빼앗긴 조선 사람들은
"이비(耳鼻))야" 하면 조선의 어린애 울음이 그친다

울돌목 주위를 휘돌며 명량 대첩을 세운 바다는
춤과 노래로 의병 전적을 알리는 강강술래
빛나는 조국의 민속일레라.

용장산성
- 삼별초군

몽고의 침입을 받아
굴욕적인 강화조약을 맺고
개경으로 환도한 고려 원종은
국운 영유 밖으로 사라진다

좌별초 우별초
몽고군의 포로였다 탈출한 신의군은
재진용을 세워 "온"을 왕으로 추대하고
배중손(裵仲孫) 장군이 이끈 삼별초군이
관군과 몽고군에 항전했던 용장산성

진도를 근거지로
대몽 항쟁한 삼별초군은
위기에 처한 고려를 구원하고
불멸의 혼불을 남기었다

지금은 폐허가 되어 원형이 사라지고
성내 부분 용장 사지와 행궁지가 보존되어
그 옛날 삼별초군이 위용을 떨친 성터
복원이 아쉬운 용장산성의 전적지

운림산방
- 소치(小痴)의 호

수많은 봉우리가 어우러진 첨찰산
깊은 산골에 아침저녁으로
연무가 구름숲을 이루어
소치(小痴)에 걸맞는 운림(雲林)의 당호다

소치-미산-남농-임전 등에 걸쳐
전통 남화의 대가 운림산방은
소치 허유(許維)가 거처하는 화실의 "운림각"

초의대사(張意恂) 밑에서 그림을 익히고
초의선사의 소개로 추사 김정희의 문하에서
천부적인 재질과 강한 의지로
시서화(詩書畵)에 능한 기품을 발휘한다

소치(許維)는 날로 서화에 뛰어나므로
민영익은 묵신(墨神)이라 하고
정문조는 시를 더하여 삼절(三節)이라 하고
김정희는 중국 4대 화가의 황공망을 대치(大痴)라 하여
이와 견줄 만하다고 소치(小痴)란 호를 주었다

뒷전에 밀리는 인생 · 1

꿈 많은 어린 시절
같은 또래가 똑같이 출발했으나
옆 차고 먼저 뛰는 놈에게 뒤질 뿐이다

똑같이 시작한 공직에서
교묘한 색깔을 쓰고 상사의 충견이 되는 자에게
항시 뒤처지고 만다

똑같이 출발한 사회에서
이 파티 저 파티 옮기며 정치적 논리를 하는 자에게
정도와 선후와 의리와 공정을 챙기는 자는
언제나 뒷전에 밀리고 만다

이렇게 밀리고 밀리다 보면
어느덧 머리는 희어지고
뉘엿뉘엿 서녘에 기우는 인생이려나.

뒷전에 밀리는 인생 · 2

두 사람이 나란히 입사한 직장에
한 사람은 재빨리 그 직장을 움켜쥐고
한 사람은 언제나 후자로서 처져 있다

처음부터
한 사람은 직장의 베테랑이 되어 군림하고
한 사람은 사사건건 약자가 되어 소외당한다

중흥(30성상)이 되어 직장이 왕성할 때
한 사람은 그 직장의 패권을 거머쥐고
한 사람은 날이 갈수록 나락으로 전락해 간다

일생을 걸고 시작한 직장이 반백 년이 되어 무너지자
그 잘난 한 사람은 빨리 다른 직으로 옮아가고
늘 뒤처진 한 사람은 그때서야 자기에게 넘겨져서
직장의 부활에 전력을 다하나 큰 비전은 없다.

주변국의 피해만 보는 한국

태초에 우리나라는
동방의 태양이요!
단군선조의 후손들이 사는 나라

고요하고 슬기로운 나라에
주변국들의 잦은 침범과 피해로
우리나라를 멍들게 한다

가장 가까운 일본은
임진왜란을 일으켜 수많은 조선 양민을 학살하고
을사조약 한일합방으로 나라를 빼앗고
그 죄악에 쉴 새 없는 지진과
원자력 파탄으로 주변 국가에
방사선 오염을 시킨다

또한 "안영복"이 확정한 우리나라 영토 독도를
지금도 계속 일본 땅이라고 교과서에 올려놓는다

몽골대륙(사막)에서 불어오는 흙빛 황사와
중국 황하벌(사막)에서 불어오는 황사 비바람은
눈병 피부병 산소 결핍증을 준다

우리나라의 고귀한 문화유산인
고구려 때 발해에 있는 "광개토대왕" 비를
중국은 자기네 사적(史蹟)이라고 유네스코에 등재했다

외구(外寇)가 침략하여 35년간 집정했기에
광복이 되자 미국과 소련의 개입으로
6.25 동란이 일어나고
38선 이남은 미국이
38선 이북은 소련이
두 동강이를 갈라놓아
오늘날까지 통일이 되지 못한 나라로
세계에서 오직 한반도의 유물로 남겨둔 채
주변국들의 피해만 막심하다

언제나 짐승 같은 침략자들이 사라지고
피해 없는 친선의 주변국으로서
고색이 창연한 단군조선을 찾으려나
동방의 태양이여! 말해 다오.

남한에 피해만 주는 북한

단군선조의 한겨레로서
수려한 산과 강이 둘러싸인 한반도에서
얼굴 언어 풍속 생활을 똑같이 하는 사람들

을사오조약으로 일본의 식민지하에서
볼셰비키의 사상을 신봉하는 북한은
6.25를 자초하여 남한을 침범하고
지금까지 세계 유일한 공산주의로 남아 있다

1950년 6.25 동란을 일으켜 38선(판문점)을 긋고
60년대 말 김신조 부대 유격침투
70년대 휴전선의 도끼 만행 사건
80년대 초 버마 아웅산(한국장관급 16명) 참사
90년대 칼기(김현희) 폭파사건
2010년 천안함 폭파, 그해 연평도 포격사건

그 외에 어민 납치 남한 영해에 잠수침투
시도 때도 없이 간첩을 침투시켜 교란하고
최은희 신상옥 연예인 유괴사건
미국 일본 등 외국에 나가 있는
우리 동포에 테러 저격 사건 등

잠시도 쉴 틈 없이 남한에 피해만 주는
북한의 횡포는 한겨레 한민족으로서
그 만행이 태산을 넘어 하늘이 분노하고 있다.

수마가 할퀴고 간 현장 · 1
- 게릴라식 폭우

산 아래 사는 사람들에게
마치 쓰나미처럼
굉음을 내며 무너져 내린다

거대한 흙과 물결이
시속 50km로 내린다
나무와 돌산이 무너져 내린다

야영하는 대학생들
우면산 산사태로 아직 피지도 못한
16명의 꽃다운 생명을 앗아갔다

시간상 100mm의 폭우로
부러진 나뭇가지와 전봇대
도로는 온데간데 없어지고
전화도 전기도 끊긴 채 암흑이다

경기도 파주와 동두천에서
11명이 숨지고 11명이 실종됐다

게릴라식 폭우가 내려

승용차 버스 전동차가 갇히고
아파트 옹벽이 무너진다

계곡물이 범람하므로
도로가 강이 되어
행인들의 피해가 막심하다

농사 밭은 거대한 바다로 변해
농민들의 천심은 극심한 피해로 얼룩져 있다

수도 한국이 물바다가 되어
전선이 물에 잠겨 감전 위험이 따른다

백 년 만의 물 폭탄은
침수로 가재도구가 둥둥 떠가고
모든 차량이 물에 잠겨
시민들도 차를 버리고 그냥 빠져 나온다.

수마가 할퀴고 간 현장 · 2
- 천재(天災)가 아닌 인재(人災)

자연의 힘은
하늘의 힘이요 순리다

2011년 여름 폭우(장마)는
천재(天災)가 아닌 인재(人災)이다

바람이 불지 않아도
며칠을 산이 울리고 땅이 울리므로
산사태와 지각이 일어난다는 것을
미리 예측하고 대비해야 했다

그러나
당국에서는 신고를 받고도
대응책을 쓰지 않고 수수방관하여
엄청난 인재를 범하고 말았다

언제나 자연의 예시를 신중히 하여
미리 방비책을 세우면
인재의 피해는 훨씬 가벼울 것이다.

가 스

나는 하루 일과를 시한부로 재고 있다
밀착된 공간에 나를 장전(裝塡)해 놓고
장소와 시간에 따라 촌각에 터진다

원자력에도 수류탄에도 나를 이용하고
자동차 배기나 주방에서도
어느 때고 수단과 방법에 의해
나를 함부로 잘도 활용한다

인간이 나를 만들어 놓고
나를 잘 이용하면
인류생활에 유익한 보람을 줄 것이요

잠깐 실수나
나를 잘못 이용하면
인류에게 엄청난 재앙을 부릴 것이다

그러나
이제 위험천만한 나를 그만 부려먹고

자연에서 생성되는 천연가스를 대체하여
인류의 안전과 번영하기를 비는 바다.

제5부

고대 문명의 발상지

면사포 같은 가리개를 둘러쓰고
열대의 강하게 내려 쪼이는 태양빛을 피한다
바늘귀만 한 구멍도 한 점 없이
단단히 조이고 막아 세광(細光)조차 차단한다

고대 문명의 이집트 · 1

고대 문명의 발상지 이집트는
B.C 5천 년경에 사용한 상형(象形)문자 외에
음표(音標)문자 성각(聖刻)문자 승용(僧用)문자
속용(俗用)문자가 있다

신을 숭배하는 제례에는
계단식 피라밋과 동물을 우상하는
동물숭배〔人身獸首〕 머리의 예를 갖춘다

이집트는 누비아적 나일적 시리아적인
3대 문화민족의 요소이며
세계 언어 문화유적이 창연하다

아프리카 동북부는 나일 강 하류 계곡과
델타 삼각지대가 중심이 되어
카이로 부근 이남 제1급 단지가 상(上) 이집트며
델타지대를 하(下) 이집트라 한다

동부의 홍해연안 시나이 반도를 제외한
사암과 석회암으로 이루어진 평탄한 지대

남북으로 흐르는 나일 강은
카이로 이북에 광대한 삼각주를 형성한다

- 2010년 10월 2일

고대 문명의 이집트 · 2
-카이로 남쪽에 위치한 룩소

태양이 뜨는 나일 강 동쪽에 신전을 짓고
태양이 지는 서쪽은 묘지나 제전을 마련하고
나일 강 남서쪽은 사자의 도시 네크러 폴리스이며
왕과 여왕 귀족들의 무덤이 있는 거대한 계곡

룩소는 나일 강에 의해 동서로 나눠진다
고대 이집트 중 왕국의 수도 테베의 일부
최전성기에는 인구 1천만 명의 대도시
호머의 '일리아드'에 그 화려함이 묘사돼 있다

이곳에 그 유명한 카르낙 신전과
룩소 신전이 장엄히 뽐내고 있으며
오벨리스크가 하늘 높이 치솟아 있다

외부의 침범이나 도굴 방지를 위해
깎아지른 듯한 암벽에 조그만 구멍을 파고
지하에 미로(迷路)로 연결된 보물 창고와 분묘를 설치
바위 표면을 뚫어 신전을 지었다.

-2010년 10월 3일

고대 문명의 이집트 · 3

- 이슬람 문명의 중심지

이집트는 사하라 사막 안에 놓여 있으며
동서양과 신구 교차로써
이슬람 문화의 중심지요
인류 문명의 보고이다

이집트는 아프리카의 북동쪽에 위치하며
북으로 지중해와 남으로 수단에 접하고
서(西)로 리비아와 동(東)으로 이스라엘과
아카바만과 홍해를 접하고 있다

이집트는 곳곳에 세워진 스핑크스와 피라미드가
박물관 이상의 고대 문명을 나타내며
국토의 90% 이상의 사막에서
5천 년 이상의 찬란한 문화유산을 꽃피운다

이집트는 나일 서쪽 암벽 모래와 고원이 뻗어
비가 오면 중앙분지에 유수가 모여
일시적 호수가 형성되고
건조하면 침전으로 생긴 소금을 남긴다.

- 2010년 10월 4일

고대 문명의 이집트 · 4

- 태양 빛을 막는 가리개

면사포 같은 가리개를 둘러쓰고
열대의 강하게 내려 쪼이는 태양빛을 피한다
바늘귀만 한 구멍도 한 점 없이
단단히 조이고 막아 세광(細光)조차 차단한다

가도 가도 끝없는 모래사장에
이따금씩 나일 강변의 오아시스가 보이고
폭우가 씻고 간 모래 위에 티끌이 쌓여
형성하는 초원 지대도 보인다

그 먼 모래사장을 지나면
선인들의 얼을 짜낸 그 정교한 피라미드와 스핑크스
입을 크게 벌린 악어 신전이 기다린다.

- 2010년 10월 5일

고대 문명의 이집트 · 5
- 멤피스 박물관의 람세스 2 세상

대형 석조(15m)물로 반듯하게 뉘어져
옛날의 허장 세월을 회의하는 듯한 인상
상(2)층에서 내려다보게 한다

다리의 일부는 훼손되었으나
거의 완전한 상태로 되살아난 듯하여
동양의 불상을 연상시키고 있다

지금은
멤피스 박물관에 안치되었으나
수천 년된 조각이라고는 믿어지지 않는다.

- 2010년 10월 6일

고대 문명의 이집트 · 6
- 최초의 피라미드

왕이나 귀족의 무덤이 많이 조성된 시카라에
그중 제제르왕의 계단 피라미드가 특히 훌륭하다
피라미드를 중앙에 세우고 그 주위를 둘러싼 크기는
동~서 227m 남북 545m 입구에 50m의 통로가 있다

기둥의 연속도 볼만하지만
광장에 나서면 남쪽 정면으로 보이는
해묵은 피라미드가 인상 깊다

고 왕국시대 제3왕조 제제르왕의 대신
'임혜태프'에 의해 세워진 것으로
기저부가 일만팔천 미터이며 높이는 60미터이다

주랑의 북쪽과 피라미드의 북쪽에 각각 신전이 이어져
광대한 피라미드 단지로 형성한
6계단의 단층을 가진 이집트 최초의 피라미드.

* 임혜태프 : 이집트 3왕조 제제르왕의 대신

- 2010년 10월 7일

고대 문명의 이집트 · 7
-아부심벨의 대신전

아부심벨은 아스완의 남쪽에 위치하고 있으며
제19왕조 람세스 2세가 누비아 지방에 건립한 신전
이를 통해 자신의 권력과 신성을 과시하고자 한다

입구에 있는 20미터의 거대한 네 개의 좌상이 있고
왼쪽 머리와 토르소는 지진으로 훼손되었으며
태양신을 숭배하여 동쪽을 향해 지어져
1년에 두 번씩 햇빛이 신전 안으로 비치도록 되었다

신전은 나일 강 위의 절벽에 사암을 깎아 지었으며
유네스코가 기금을 조성하여 수몰되지 않도록
정교하게 3등분 되어 원형 그대로 옮겼다

사원은 크게 람세스를 위한 대신전과
그의 네페르테리 왕비를 위한 소신전으로 구성되었다.

-2010년 10월 8일

고대 문명의 이집트 · 8
- 하셉수트 대왕

이집트 초기의 여왕 하셉수트 장례신전은
남편 투트모스 2세가 죽은 후
아직 나이 어린 투트모스 3세의 섭정을 했으며
그 후에 스스로 파리호가 되었다

장제전은 여왕의 시아버지 투트모스 1세의 부활과
그녀 자신의 부활을 기리며 건립된 것으로
현재까지 남아 있는 가장 거대한 제전의 하나다

장제전을 뒤로하고 나일 강가로 내려오면
아메노피스 3세가 세운 것으로
20미터의 높이에 앉은 모습을 한 거대한 스핑크스
얼굴은 형체를 알아볼 수 없이 떨어져 나가고
거상 뒤에 있었다는 신전은 폐허가 되어 흔적이 없다

15~16세기에는 그리스 교도들의 교회로 이용되고
여왕의 탄생 이야기가 벽화로 그려져 있다.

- 2010년 10월 9일

고대 문명의 이집트 · 9
-기자의 피라미드

카이로 시내에서 서(西)로 13킬로 떨어진 변두리
사막의 경계에 웅대한 피라미드의 모습을 드러내는
기자의 피라미드를 보지 않고 이집트를 말하지 말라

카이로에서 피라미드까지 외길로 이어지는 종점
왼쪽으로 돌아 비탈길에 오르면
쿠푸왕의 피라미드 전경이 한눈에 들어온다

사진으로 보면 세 개 피라미드가 이웃에 있으나
실제는 훨씬 더 먼 거리, 차를 이용해야 한다
일사병에 걸릴 위험으로 무리한 걸음을 피한다.

-2010년 10월 10일

고대 문명의 이집트 · 10
- 이집트 수도 카이로

아랍어로 승리를 뜻하는 카이로는 이집트 수도
아프리카에서 손꼽히는 가장 큰 도시
해롯왕의 재난을 피하기 위해
바구니에 실려 나일 강을 떠내려 오는 모세는
빨래하는 여인에 의해 건져(구명)진다

이집트문명의 중심권에서
카이로는 '미스르' 라는 아랍 이름으로 불리우며
동쪽 언덕은 알칼리오비야
서안은 알지자 알칼리오비야에 걸쳐 있고
전통과 동서의 영향, 고대와 현대가 잘 조화된 도시

이집트 게지라 섬에서 나일 강 왼쪽 언덕에 뻗쳐 있어
6천 년 이상의 역사를 가진 문명의 수도
그러나 늘어만 가는 인구 팽창과 가난으로
쇠락해 가는 사회기관 시설을 동시에 보여 준다

시가(市街) 중앙을 뚫고 흐르는 나일 강은
이집트 문명을 꽃피운 원천이며
지금도 변함없이 이집트의 젖줄이기도 하다.

- 2010년 10월 11일

백야 김정웅 제21시집

상사화(相思花)

초판 발행 2012 년 6월 27일

지은이 | 김 정 웅

펴낸이 | 윤 해 규

주 간 | 김 효 열

편집장 | 김 경 희

펴낸곳 | **을지출판공사**

등록번호 | 제 2-741 호
등록일자 | 1985 년 2월 14일
주 소 | 서울시 마포구 양화로6길 27-5(서교동) 301호
우편번호 | 121-840
전 화 | 02) 334-4050 · 4090
팩시밀리 | 02) 334-4010
E-mail : ejp4050@hanmail.net

값 10, 000원

* 잘못된 책은 바꿔 드립니다.

ISBN 978-89-7566-135-8 03810